TRANSLATION

DES

RELIQUES DE S^T CLAIR.

TRANSLATION

DES

RELIQUES DE St CLAIR

A LECTOURE.

NOTICE HAGIOGRAPHIQUE ET POÉSIES

POUR LA

Fête Solennelle du 12 Octobre

1858.

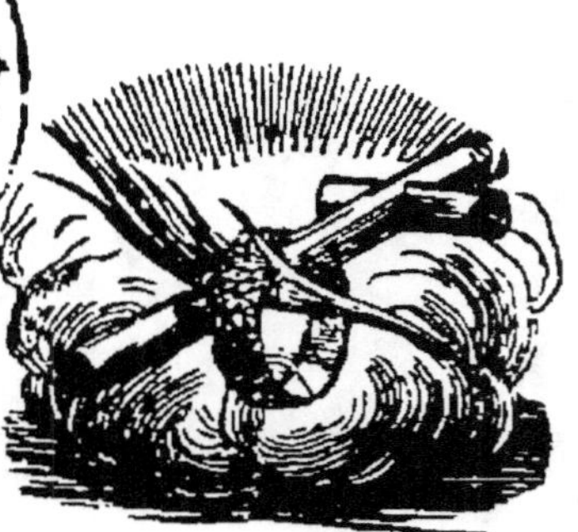

AUCH

Librairie Catholique de E. Falières, éditeur.

1858

AVANT-PROPOS.

Dans le mouvement de retour aux saintes traditions du passé et aux pratiques religieuses qui se produit en France depuis quelques années, les manifestations publiques du culte catholique, les pompes extérieures, rehaussées par le concours inaccoutumé des premiers pasteurs, jouent un rôle important. Rien ne semble plus propre à réveiller dans les cœurs la ferveur et l'enthousiasme de la foi. Les villes chrétiennes paraissent fêter avec une piété toute nouvelle leurs fondateurs et leurs martyrs trop longtemps oubliés. Le patriotisme local venant ainsi s'unir à la pensée religieuse, ces fêtes ont toutes les chances possibles de produire des impressions durables autant que salutaires.

Mgr DE SALINIS a eu déjà la consolation de réunir un nombre imposant de prélats pour faire une réception solennelle à une *martyre Amiennoise* que les catacombes de Rome renvoyaient après quinze siècles à sa patrie. Le triomphe de SAINTE TEUDOSIE a laissé d'ineffa-

bles souvenirs chez tous ceux qui
ont été les heureux témoins, et
ux même qui n'en ont entendu
e le récit. — Aujourd'hui, Mgr de
alinis a la pensée de célébrer dans
n nouveau diocèse une fête qui,
écessairement, n'aura pas le même
lat, mais qui pourra produire des
fets analogues. LECTOURE, jadis
véché suffragant d'Auch, se pré-
are à recevoir, le **12** *octobre* de
ette année, des reliques insignes
e SAINT CLAIR, son premier apôtre,
ont le corps repose, depuis le
xe siècle, dans l'église *Sainte-Eula-*
ie de BORDEAUX.

Dans les environs, et au loin même,
es populations sont dans l'attente
l'une fête splendide. Tout s'y prête
en effet. Une magnifique procession

pourra se développer à l'aise sur
grande rue qui sillonne la hau
ville, dans le site le plus pittoresqu
qu'on puisse imaginer, au-dessu
d'une vallée délicieuse. Le concou
des autorités civiles, l'attente im
patiente du clergé, le zèle unanim
de la population, nous donnent
confiance que rien ne sera néglig
pour rehausser l'éclat de cette fête
L'esprit provincial, l'amour du foyer
le culte des aïeux, la foi religieus
sont restés vivants ici plus qu'ail
leurs : ce sera pour tous une fête d
famille.

A l'époque où elle tombe, ell
aura de plus une signification his
torique. — Pendant le moyen-âge
l'église de Lectoure a pu rester veuv
des restes de son fondateur. L'arbr

le la foi, que son sang avait fécon-
lé, couvrait de ses rameaux floris-
sants une population pieuse et pai-
sible. Dans le xvie siècle, l'héritage
de Saint Clair fut envahi par l'héré-
sie, et une ère de malheurs et de
luttes commença dès lors. Le pro-
testantisme s'empara de la plus forte
place de toute la Gascogne, et s'y
établit. Sous Henri IV, la population
était mi-partie de protestants et de
catholiques. Il faut le dire : le zèle
des prêtres et des religieux de Lectoure, les prédications et les contro-
verses publiques, par dessus tout la
force de l'ancienne foi toujours vivante au fond des cœurs, hâtèrent la fin
de l'hérésie; et tout porte à croire que
la révocation de l'Edit de Nantes ne
trouva presque aucun huguenot dans

la ville. Mais après les souffrances du schisme, l'église de Lectoure a eu à subir, comme presque toutes les autres églises de France, la persécution de l'incrédulité et les blessures de l'indifférence. S'il est vrai, comme nous aimons à le croire, que le temps présent ouvre une période nouvelle pour la vie religieuse de nos cités, peut-on l'inaugurer avec trop de solennité ? De là cette vive sensation d'attente dans les esprits. Telle sera, en effet, pour tous, la signification de cette solennité. Après trois siècles de lutte et de souffrances, une vieille église voit revenir dans son sein l'apôtre dont le sang arrosa son berceau. Il vient encore, au nom du Seigneur, convertir les âmes. Il consacrera, par la mystéieuse influence de ses ossements vénérés, la rénovation spirituelle de son peuple. Aussi son retour sera-t-il salué, avec une magnificence digne d'un éternel souvenir, par les prélats accourus pour assister à un spectacle si consolant, et pour célébrer ce nouveau triomphe de l'immortelle foi sur l'indifférence religieuse, triste héritage de l'hérésie et de l'incrédulité désormais vaincues.

Pour préparer les Fidèles à cette solennité par une connaissance suffisante de ce qui regarde le saint martyr, on a jugé à propos de publier dans ces pages une Notice qui a déjà paru dans le *Bulletin Catholique*, recueil fondé et dirigé à Auch par *M. Ch. Biermann, Ingénieur des ponts et chaussées*. L'auteur de cette Notice a visé avant tout à l'édification des pieux chrétiens; toutefois, il a cru ne devoir point négliger certaines discussions historiques inhérentes au sujet. On y a joint quelques poésies indigènes destinées à être chantées le jour de la translation des Reliques.

I.

Saint Irénée écrivait vers le milieu lu second siècle : « *L'Eglise unie à Dieu par l'amour envoie sans cesse au Père céleste de tous les points de son territoire une multitude de martyrs.* »
En effet, chaque église particulière se souvient encore qu'à son origine elle a été arrosée du sang des martyrs. Les noms et l'histoire de la plupart de ces champions de la foi ont péri dans la suite des temps. Mais presque partout subsiste quelque nom vénéré, divinement sauvé du naufrage avec des souvenirs souvent confus et de froids ossements devant lesquels se sont agenouillées de nombreuses générations. La ville de Lectoure n'a jamais oublié le nom de Saint Clair, son premier apôtre, et, l'an dernier, les âmes pieuses n'ont pas appris sans une vive allégresse le retour de quelques reliques

du saint martyr, exilées depuis dix siè
cles de leur asile naturel. Mais, a
temps présent, les idées chrétienne
sont si obscurcies, se présentent si ra
rement même aux esprits restés fidè
les, qu'il semble utile d'indiquer quel
ques-unes des raisons qui font de la
mémoire des martyrs un fait néces
saire dans l'église, et de leur culte, un
devoir sacré pour les chrétiens.

Les martyrs sont les témoins de
notre foi. Les premiers d'entr'eux ver
sèrent leur sang pour ce qu'ils avaient
vu; et il y aurait une insigne folie à
mettre en question la bonne foi de ces
témoins qu'aucun tourment n'a pu
émouvoir. Les autres, le plus grand
nombre, moururent avec un effrayant
courage pour ce qu'ils n'avaient point
vu, pour des vérités inaccessibles même
à la raison. C'est là un profond mys
tère dont il n'y a pas deux explications
possibles. Il faut reconnaître la pré
sence du Dieu fort dans les êtres si
faibles qui mouraient pour sa cause.
Dans les trois premiers siècles, *onze*

millions de créatures humaines ont subi les tortures, l'ignominie et la mort pour une doctrine incompréhensible, pour une morale austère, pour un culte méprisé. C'est là un fait tellement certain que la seule ressource de l'impiété a été, ici plus qu'ailleurs, dans la conspiration du silence. Si l'on ne peut nier l'évidence, on peut n'en point parler. Mais l'historien impie a beau se taire, le sang des martyrs crie encore; le fait énoncé tout à l'heure frappe tous les esprits attentifs, et, dans l'examen de ce fait, une âme bien disposée ne peut aboutir qu'à la conclusion de Pascal : *J'en crois des témoins qui se font égorger.*

A ce point de vue, le nom de chaque martyr est une donnée positive pour une facile solution du problème essentiel de l'homme : *la voie du salut est-elle dans le christianisme ?* Le nom de chaque martyr est un élément précieux pour la démonstration du christianisme par le sang.

Une autre considération a consacré

dans toutes les villes chrétiennes l
culte de leurs martyrs. C'est à eux que
nous devons et nos éternelles espéran-
ces qu'il faut mettre incomparablement
au-dessus de tout, et notre civilisation
temporelle qu'on a grand tort de considérer de nos jours d'une manière à
peu près exclusive, mais qui occupe
pourtant une noble place dans les in-
téréts de l'homme et dans le gouver-
nement de la Providence. Le christianisme, seul moyen de salut, selon la
foi, seul instrument de civilisation,
selon l'histoire, s'est propagé par le
sang des martyrs. Le Verbe de Dieu
se fit chair pour révéler aux hommes
les secrets du Ciel ; mais pour fonder
son église, il répandit son sang. Ses
envoyés prêchèrent après lui et instrui-
sirent toutes les nations ; mais la se-
mence ne germa, l'arbre ne se déve-
loppa que sous la rosée de leur sang.
De là, ces liens de céleste affection,
de sainte reconnaissance qui attachè-
rent au souvenir et aux restes des
martyrs les générations chrétiennes qui

nous ont précédés, et dont nous ne voudrons pas nous montrer indignes.

Cette reconnaissance ne saurait être stérile. Le fruit nécessaire du culte rendu aux Saints, c'est leur imitation. Le culte des martyrs, en particulier, semble bien propre à réveiller et à entretenir dans les âmes ce qui leur est si nécessaire dans des temps comme le nôtre, et ce qui peut-être leur manque, hélas! aujourd'hui plus que jamais: le courage et la générosité de la foi.

Puisse la lecture des notes suivantes sur la vie et les reliques de St-Clair édifier les descendants de ces Aquitains qu'il conquit à la Foi! En les lisant dans cette sainte disposition, on y trouvera des exemples et des leçons utiles. Quelques réserves qu'il faille faire sur l'authenticité des actes publiés ici en abrégé, il en reste toujours un fond solide et vrai, un tableau, non pas complet, mais suffisant, ce semble, de la carrière de l'Apôtre. L'impression qui doit en résulter pour les cœurs chrétiens, que dis-je? pour tous les cœurs généreux, sera salutaire. La vie de Clair peut se résumer en trois mots, comme l'a dit noblement l'auteur de la Notice, après laquelle on essaie ce modeste travail : « *Il crut, agit et mourut : Il crut avec ardeur, agit avec courage et mourut simplement* (1). »

II.

Clair, originaire d'Afrique, avait reçu dans sa patrie la lumière de la foi. Pressé du désir de travailler à la propagation de l'Evangile, il abandonna sa famille, ses biens et son pays, et partit pour Rome, accompagné, dit-on, de six compagnons animés du même zèle que lui : Justin, Géronce et Sever, Polycarpe, Jean et Babyle. On

(1) J.-F. Bladé. *Notice sur St-Clair* dans la *Chronique de Lectoure.*

raconte que leur vaisseau les porta
d'abord à Joppé, où leurs prédications
gagnèrent au vrai Dieu une foule d'ido-
âtres ; mais la persécution les en
chassa bientôt.

Après une longue navigation, ils ar-
rivèrent à Rome et se présentèrent au
Souverain-Pontife, qui leur donna
l'hospitalité et leur prodigua de salutaires conseils. Cependant, ils ouïrent
parler des souffrances des chrétiens,
en Aquitaine, et tous leurs désirs se
portèrent vers ce pays arrosé déjà du
sang des martyrs, et où ils espéraient
gagner eux-mêmes la couronne. «Pieux
compagnons, leur disait Clair, nous
suffirait-il d'avoir quitté pour le Christ
notre patrie et nos proches ? Et après
avoir brisé tous les liens de la chair et
du sang, après avoir fait triompher en
nous dans cette lutte terrible Celui qui
a dit : c'est moi qui ai vaincu le monde,
refuserons-nous maintenant d'affron-
ter pour le même Dieu la haine et les
persécutions du monde ? De quel prix
seraient nos victoires passées, si dans

la poursuite du martyre nous nou
laissions devancer par des femmes e
des enfants? Préparons-nous don
aux combats du Seigneur. Prenon
les armes qui rendent invincibles le
humbles de cœur : une foi courageuse
une espérance inébranlable, un sincèr
amour pour Celui qui nous a aimés l
premier. Forts de ces vertus, tenons
nous prêts à tout souffrir pour lui. Ce
pensées sont les vôtres sans doute.
Quant à l'exécution de notre dessein
si vous avez un conseil utile à donner,
parlez, délibérons ensemble. »

Un des compagnons du Saint, *Sever*,
prit la parole : « Nous n'avons d'au
tres conseils à suivre que les vôtres, ¢
vous par qui le Seigneur a parlé maintenant, nous en avons la confiance. »

Clair reprit alors : « Mon avis serait
de consulter uniquement le Saint-Pon-
tife de Rome dont nous avons si bien
éprouvé, depuis notre arrivée, la charité et la sagesse. ».

Ils allèrent donc trouver le Pape qui
leur donna la mission qu'ils souhai-

taient. « Allez, leur dit-il au nom de Jésus-Christ, et avec son secours, allez aider de vos travaux et de votre courage ces chrétiens d'Aquitaine, affaiblis par la persécution. Que la Religion, menacée d'une perte prochaine dans ce pays, refleurisse et s'étende par vous. » Et le Pontife les congédia, après avoir élevé Clair à la dignité épiscopale et conféré différents ordres à ses compagnons.

Clair, accompagné du prêtre Babyle, alla d'abord évangéliser Colonia, ville riche et populeuse, mais ensevelie encore dans l'idolâtrie. Il la conquit à Jésus-Christ et y fonda une église, bientôt florissante, qu'il gouverna avec un zèle merveilleux. Il se décida pourtant à la quitter pour porter le bienfait de l'Evangile dans Alby, cité voisine où toutes les superstitions païennes étaient en vigueur, et où la peste décimait en ce moment les hommes et les animaux. Touché de compassion, Clair expose au clergé et aux fidèles de son église le malheur des Albigeois, frappés par

milliers dans leurs corps par la mort
temporelle, dans leurs âmes par une
éternelle mort. bien autrement lamen-
table. Après quoi, il établit Salin sur
le siége épiscopal, confie à Ranulf et à
Ramfred le ministère de la parole,
distribue diverses fonctions aux autres
clercs, et choisit Florentius. Eugène
et Montan pour ses compagnons d'apostolat. Enfin, après avoir exhorté les
magistrats à soutenir le peuple dans le
bien, il donna le baiser de paix à ses
fidèles, les recommanda au Seigneur et
partit. Une grande foule le suivait.
Arrivés aux limites de la contrée, ces
enfants désolés, se rendant aux prières
de leur père, le quittèrent enfin en
versant des larmes.

Il se hâta de gagner Alby. Comme
il était près de cette ville, une jeune
fille, nommée Astésie, qui était pos-
sédée du démon, annonça l'arrivée
d'un étranger qui devait établir dans le
pays le culte d'un seul Dieu. En même
temps, les oracles se turent. Le peuple
s'émut des paroles de l'énergumène.

Les prêtres s'alarmèrent du silence des démons. Tous les habitants assemblés sur la place publique se communiquaient leurs inquiétudes, lorsqu'un des principaux citoyens, Yhold, leur parla en ces termes : « Beaucoup de nos concitoyens ont entendu parler d'un homme, nommé Jésus, qui a prêché autrefois en Orient une doctrine pure, soutenue d'étonnants miracles. Or, ce Jésus s'étant attaché des disciples, leur donna un pouvoir semblable au sien, et les envoya par le monde pour enseigner aux hommes la véritable sagesse et pour leur persuader d'abandonner les idoles et les démons, et d'adorer le seul vrai Dieu. Cette religion nouvelle s'est répandue dans toutes les provinces de l'Asie, de l'Afrique, de l'Europe même; et dans cette extrémité du monde occidental, nous sommes presque les seuls que cette lumière céleste n'ait pas encore éclairés. Je suis persuadé qu'un prédicateur de la doctrine de Jésus n'est pas loin de notre ville, et que son approche, annonçant aux démons le triomphe de la vérité et leur défaite, les épouvante et les abat. De là, le silence des oracles et les révélations de l'énergumène. »

Les habitans s'entretenaient des conjectures d'Ybold, lorsque Clair arriva à la porte d'Alby, entouré d'une grande foule que son air vénérable avait attirée, et que ses discours merveilleux retenaient près de lui. Tout le peuple de la ville, à son tour, s'approcha du Saint et lui adressa de nombreuses questions. Celui-ci se hâta de prêcher la parole de Dieu dans la ville et aux environs. Bientôt tout ce peuple était converti et régénéré par le baptême.

Le saint évêque passa trois ans sur le siége d'Albi. Au bout de ce temps, le zèle qui le dévorait le poussa vers une autre contrée. Il quitta son église après avoir établi Anthime sur le siége épiscopal, et jaloux de faire à Jésus-Christ de nouvelles conquêtes ou de rencontrer cette couronne du martyre qu'il poursuivait toujours et qui toujours semblait fuir devant lui, il se rendit à *Lectoure*.

Il prêcha quelque temps l'Evangile dans cette ville païenne, où les conversions furent nombreuses. Bientôt la rage des prêtres s'alluma. On saisit le saint, on l'entraina au temple de Diane (1). Placé devant l'autel, et sommé de sacrifier à la déesse, il leva les yeux en haut et pria. Aussitôt l'idole tomba du lieu élevé où elle se dressait et fut réduite en poussière. Les bourreaux s'étonnent, les prêtres gémissent et redoublent de fureur. Ils font fouetter cruellement le saint évêque et le reconduisent devant les juges en l'accusant de magie et de sortilége. Leur cris émeuvent une partie du peuple, et un supplice plus affreux se prépare. Clair est dépouillé de ses vêtements et traîné à travers les broussailles. Etendu ensuite sur un chevalet, il est frappé de fouets garnis de plomb et reste durant trois jours sur l'instrument de torture,

---

(1) Nous suivons la leçon du *Sanctoral de Lectoure*. D'autres disent : *Mars* ou *Jupiter*.

sans que l'horreur des souffrances fass
fléchir son courage. Enfin, on le jett
en prison.

Il n'appartenait pas au bon Maître
pour qui souffrait ce généreux solda
d'abandonner son serviteur en de telle
épreuves. Un ange vint le fortifier e
lui donner l'assurance de sa prochain
victoire. « Persévère et ne crains rien
lui dit-il; demain ton combat va finir
ton triomphe est prêt. Le Christ v
couronner ton front et te faire asseoi
là-haut sur un trône de gloire. »

La nuit s'écoula plus douce après le
paroles de l'ange, et le jour désiré pa
rut enfin. Le martyr fut tiré de sa pri
son et reconduit au tribunal. On lui de
manda s'il ne rachèterait pas son obs
tination par un repentir tardif. Il pro
testa qu'il n'avait pas changé de senti
ments et qu'il ne chancellerait jamai
dans sa foi. Les juges étaient trop sûr
de sa constance pour l'éprouver encor
par des supplices qui tournaient à leu
confusion. Ils le condamnèrent à avoi
la tête tranchée. Arrivé au lieu de

l'exécution, hors de la ville, il confia à la miséricorde du Seigneur tous ceux qu'il lui avait gagnés; puis, fléchissant le genou, calme et joyeux, il tendit le cou au bourreau. Sa tête tomba sous la hache au milieu d'une multitude qui fondait en larmes.

III.

Avant de continuer l'histoire de St-Clair, en racontant sa gloire posthume, il est impossible d'éviter quelques questions relatives aux principaux détails des actes qu'on vient de lire. Quelque difficile que soit la réponse à ces questions, essayons d'y porter quelque lumière :

1º Quel était le vrai titre de St-Clair, notre martyr? — Nous le voyons évêque, envoyé par le Souverain-Pontife en Aquitaine. On en a conclu qu'il était simplement *évêque régionnaire*. On appelait ainsi des évêques chargés d'évangéliser toute une contrée sans avoir un siége épiscopal. Cette qualité ne convient pas de tout point à St-Clair. La tradition constante de plusieurs églises, suivie par les sévères auteurs du *Gallia christiana*, place notre Saint à la tête des évêques d'Alby. Mais il s'était donné un successeur dans cette ville quand il se rendit à Lectoure. Il y vint en qualité de missionnaire, et il est difficile de décider s'il y a fondé le siége épiscopal. Ce fait cependant, eu égard à l'importance de la ville à cette époque, paraît fort probable. Peut-être aura-t-on négligé de le compter parmi les évêques de Lectoure, parce que son séjour aura été court, et qu'il n'aura pas eu de successeur immédiat.

Toutefois, Heutérius, qui ouvre la liste de nos évêques dans le *Gallia christiana*, ne doit pas être postérieur d'un siècle à St-Clair;

2° Quelles sont les églises fondées ou évangélisées par St-Clair? — Il n'est pas nécessaire de parler de Joppé. Le mouillage des missionnaires africains dans ce port a paru invraisemblable aux Bollandistes, et, après tout, ce point n'a pas la moindre importance. Après le départ de Rome, nous lisons que St-Clair évangélisa *Colonia*. Comme ce saint évêque avait été envoyé dans l'Aquitaine, il est naturel de chercher dans cette province une ville de ce nom; mais on n'en trouve aucune ni en Aquitaine, ni sur la route de Rome à Alby. On pourrait penser tout au plus à Nîmes, appelée *Colonia Nemausus;* mais. outre le silence des traditions de cette église, Nîmes n'a jamais été désignée sous le nom isolé de *Colonia*. On a songé à Cologne, près de Mauvezin, dans le diocèse d'Auch; mais cette petite ville paraît appartenir au moyen-âge, non à l'époque romaine. Si elle avait été le siége d'un évêché, ce fait important aurait laissé des traces. On connait assurément toutes les villes épiscopales de notre province. — Enfin, les noms germaniques de Ramfred et de Ranuf nous amènent à Cologne sur le Rhin, *Colo-*

nia Agrippina. C'est l'opinion de Du Saussay (1) et de Hauteserre, suivie par le savant historien de la Gascogne. Le texte de la légende présente ici une grave difficulté. Il fait de Cologne une ville voisine d'Alby. — Encore pourrait-on répondre qu'à une époque où la géographie n'était ni bien fixée, ni généralement étudiée, le légendaire a commis en laissant courir sa plume une faute énorme (2). Aussi Hauteserre n'a-t-il pas hésité à le corriger en écrixant : *longo itinere Albiam pervenit,* au lieu de *proximam civitatem.* Mais voici une nouvelle difficulté : comment un missionnaire, expressément envoyé dans l'Aquitaine, n'en a-t-il pas pris le

______

(1) Martyrol. Galliæ.

(2) Le docteur Heuzer, prof. d'hist. ecclés. à Cologne, lettre manusc., insiste sur l'impossibilité d'une telle erreur; il suppose que le légendaire était d'Alby. Il pouvait être de Bordeaux; et alors sa bévue est moins inexplicable.

chemin ? Aurait-il fait un pareil détour et perdu deux ou trois cents lieues ? Nous convenons que cela n'est guère admissible, et réellement nous ne l'admettons pas. A la suite du père Papebrock, nous inclinons à croire qu'il y a eu un ou plusieurs saints Clair, envoyés dans le nord des Gaules, dont quelques actions auront été confondues avec celle de notre apôtre. — Ainsi, l'on ne peut considérer comme parfaitement établi que l'apostolat de St-Clair à Alby et à Lectoure.

Sa mission à Périgueux, dont sa *Vie* ne fait aucune mention, est au moins fort incertaine. Voici ce que Du Saussay en raconte : « Etant parti de Cologne pour l'Aquitaine, Clair se rendit à Périgueux, ville déjà évangélisée par deux évêques, Fronton et Anianus, dont les leçons avaient été presque oubliées. Il résolut de la ramener à Jésus-Christ. Une peste cruelle la ravageait. Le Saint, par une vertu merveilleuse, guérissait les corps en délivrant les âmes du fléau plus terrible de la superstition païenne. Par la force de la parole divine, il fit taire les oracles des faux dieux, renversa les temples, et, nouvel Elie, fit disparaître les chétifs sacrificateurs qui entretenaient le culte de Mars et de Jupiter. Et non-seulement cette ville, mais les bourgs et villages voisins, furent amenés au christianisme par la divine onction de sa parole, par la sainteté de sa vie et par l'éclat de ses miracles.... C'est de là qu'il se rendit à Lectoure. » Il n'est fait aucune mention d'Alby. Evidemment il y a ici une confusion. Aussi Tillemont ne doute pas que St-Clair, l'un des évangélisateurs de Périgueux, ne soit bien différent du nôtre. Quelques-uns croient même qu'il a été martyrisé dans cette ville;

3° Que sait-on des compagnons de St-Clair ? — St-Jean et St-Polycarpe sont complètement inconnus. St-Justin, si c'est le même personnage, est honoré particulièrement en Bigorre; mais on n'a sur sa vie qu'une légende publiée par le Père Labbe, et qui ne mérite aucune confiance. St-Sever et St-Géronce, qui étaient frères, confessèrent la foi dans la ville qui prit depuis le nom de Saint-Séver, Cap de Gascogne. Le second, toutefois, n'aurait été martyrisé, selon quelques-uns, que dans la ville actuelle de Saint-Girons. Leurs actes les disent Vandales et les placent au ve siècle; mais, quant à la date, cette pièce, grossièrement interpolée, n'a aucune valeur, et *vandale* a été longtemps synonyme d'*africain*. Lors même qu'on hésiterait à les faire contemporains de St-Clair (et nous n'en voyons aucune raison solide), on pourrait encore, à quelques titres, les nommer ses compagnons. Ils ont évangélisé la même province; ils y ont conquis la même couronne, et le même sanctuaire a conservé leurs ossements réunis, au moins depuis le ixe siècle.

Le prêtre St-Babyle fut le vrai et fidèle compagnon de St-Clair. La légende nous le représente s'attachant à lui, après le départ de Rome, sans nous renseigner sur la direction des autres saints. Et, qucique nous n'y lisions pas sa mort, il a été martyrisé à Lectoure, sinon avec St-Clair, au moins vers le même temps. Hauteserre le rapporte, fondé sans doute sur un texte plus complet. Du reste, et cette preuve suffit, il était jadis honoré d'un culte spécial dans le diocèse de Lectoure, où le peuple l'appelait St-Babel (1).

Tel est le résultat des réflexions que nous a inspirées l'étude attentive de la *Vie* de St-Clair. Si l'on trouve quelque chose d'exagéré dans notre humble critique, nous souhaitons qu'on ne s'y arrête pas, et nous en ferons toujours bon marché. Après tout, les points essentiels sont restés intacts, et ils nous semblent, en effet, à l'abri de toute difficulté sérieuse.

----

(1) Dictionnaire d'Hagiographie. Suppl. dans l'Encycl. Théol. de M. l'abbé Migne.

IV.

Tous les fidèles qui ont conservé cette sainte habitude des anciennes familles chrétiennes, de lire chaque jour la vie des Saints, savent que rien n'était plus cher aux premiers chrétiens que les restes des martyrs. On étanchait leur sang avec des tissus précieux, on le recueillait dans des vases, soigneusement conservés; ensuite on déposait leurs ossements dans des tombeaux qui servaient d'autels. De pareils honneurs furent rendus aux reliques de St-Clair, dans l'église de Lectoure, et à celles de ses compagnons dans les diverses églises qu'ils avaient fondées ou évangélisées. Elles gardèrent avec un soin jaloux ce précieux dépôt qu'elles eurent à défendre contre l'invasion des Barbares, et contre les persécutions plus dangereuses encore des Ariens. Mais, peut-être furent-elles plus compromises que jamais par l'invasion des Musulmans d'Espagne. C'est sans doute pour les garantir de tout danger ultérieur que Charlemagne s'empara de ces reliques, exilées déjà peut-être de leurs asiles respectifs, et les déposa dans l'église Ste-Eulalie de Bordeaux. Il est impossible d'assigner la date précise de cette translation; mais le souvenir en est conservé dans cette inscription qui se lit encore aujourd'hui en la chapelle des reliques de Ste-Eulalie : *Charlemagne a fondé cette chapelle et a déposé, derrière l'autel, les corps des sept saints qui ont reçu, pour la Foi du Christ, la couronne du martyre. Leurs noms sont :* CLAIR, *Justin, Géronce, Sever, Polycarpe, Jean et Babyle.* L'existence des reliques de St-Clair, notre apôtre, à Bordeaux, ne peut offrir le moindre doute, puisqu'elle a toujours été avouée par les deux églises intéressées d'Alby et de Lectoure. Cette translation, du reste, n'a fait qu'étendre le culte de St-Clair. Dans l'église de Ste-Eulalie, le saint martyr est honoré par une double solennité. La fête y est célébrée religieusement, et le dimanche qui suit, toutes les reliques sont portées en procession au milieu d'un brillant concours de peuple.

A Lectoure, le culte du Saint ne perdit rien de sa ferveur. Les différents Propres des Saints, antérieurs à l'adoption du Bréviaire Auscitain dans ce diocèse, conservèrent un extrait suffisant de sa légende, et une procession rehaussait tous les ans l'éclat de sa fête. St-Clair était encore honoré d'une manière spéciale dans presque toute l'Aquitaine. Deux paroisses très anciennes y portent le nom du saint martyr. L'antique monastère de St-Orens d'Auch se glorifiait de posséder une de ses reliques. Presque partout, le peuple l'invoqua en particulier pour la guérison des maux d'yeux. Si notre apôtre, comme Ste-Luce, comme les autres Saints du nom de Clair, a été regardé

comme un protecteur bienfaisant contre
cette infirmité, c'est peut-être à cause
de son nom; mais cette dévotion dont
l'origine peut paraître frivole à notre
esprit raisonneur a été mise par la foi
de nos pères, par l'approbation des
pasteurs et par les faveurs signalées du
ciel, au-dessus de nos étroites critiques.
Dans plusieurs paroisses, l'eau, bénite
le jour de St-Clair, est conservée avec
foi pour le soulagement des yeux ma-
lades. Nous connaissons même à Gou-
drin, diocèse d'Auch, une fontaine vé-
nérée, où une foule de personnes pieuses
vont laver leurs yeux le 1er juin. Une
chapelle s'élevait autrefois auprès de
cette source. Toutefois, cette modeste
église, dépendante, avant la révolution,
du prieuré des Bénédictins, St-Luper
d'Eauze, était dédiée spécialement à
St Jean l'évangéliste.

St-Clair est encore regardé comme
l'un des patrons de l'église de Tulle.
Mais les plus anciens monuments de
cette église (xe siècle), ne lui donnant
pas le titre d'évêque, on peut assurer

que St-Clair de Tulle n'est pas notre apôtre, quoique à défaut de tout souvenir historique on ait emprunté la légende de celui-ci. Il faut en dire peut-être autant du St-Clair honoré à *Périgueux* et à *Sarlat*.

St-Clair, apôtre de Lectoure, était honoré à Agen, à Toulouse, à Cahors, à Rodez; mais son culte avait naturellement une célébrité particulière dans l'église d'Alby. C'est elle, par exemple, qui nous a le mieux conservé la *Vie* du Saint. Il y a plus d'un siècle et demi (1), elle éprouva le désir d'obtenir une partie des reliques de son premier évêque. Ce désir fut satisfait, grâce à la bonne entente des archevêques de Bordeaux et d'Alby. Plusieurs fragments, entr'autres une partie notable d'un fémur, furent déposés dans l'église des Frères Mineurs, hors des murs d'Alby. Le lendemain, ces reliques furent solennellement portées vers

______

(1) Proprium SS. Albiense.

l'église métropolitaine devant laquelle quatre chanoines les attendaient. Ceux-ci les reçurent sur leurs épaules et les portèrent sous un dais soutenu par les premiers magistrats de la ville jusqu'au fond de la nef. Là, déposées sur l'autel, elles reçurent pendant huit jours les pieux hommages d'une foule empressée: elles furent enfin placées dans une chapelle que l'archevêque d'Alby fit orner de peintures et d'or, et qu'il dédia lui-même solennellement à l'évêque-martyr.

Les reliques accordées à l'église St-Gervais de Lectoure par la noble générosité de son Eminence Monseigneur Donnet, cardinal-archevêque de Bordeaux, et du vénérable curé de Ste-Eulalie (1), sont plus considérables que celles qu'Alby obtint autrefois, et qu'elle sut si bien recevoir. La re-

______

(1) M. l'abbé Souiry, auteur de plusieurs ouvr. d'hist. eccl., en particulier d'études sur St-Paulin, 2 vol. in-8°.

ception solennelle qui aura lieu à Lectoure, le 12 octobre 1858, ne sera
pas moins imposante. L'image de St-
Clair a brillé d'abord dans les verrières
exécutées par M. Goussard pour la
chapelle de St-Antoine. Mais la chapelle, destinée à recevoir les saintes
reliques s'est surtout renouvelée et
embellie : des boiseries gothiques en
couvrent deux côtés; un magnifique
autel, dont le tombeau présente en bas-
reliefs les statues des sept martyrs, de
St-Geny et du Bon-Pasteur, et dont le
retable, en parfaite harmonie avec le
style de l'édifice, couvre des plus splen-
dides ornements de divers marbres le
mur oriental, un pavé en marbre blanc
et noir, et une élégante balustrade en
fer battu, complètent ce beau sanctuaire, éclairé par une admirable ver-
rière à quatre grandes baies, où M.
Thibaut de Clermont a groupé les sept
martyrs sous un riche dais gothique et
sur un fond représentant en grisaille
une vue de la ville actuelle de Lectoure.

Et maintenant, vienne la fête si impatiemment attendue! Ces reliques seront reçues avec reconnaissance, gardées avec amour, vénérées avec simplicité. Ces froids ossements, déposés au milieu de notre ville, seront pour elle une bénédiction permanente de notre Père dans la Foi. Les restes inanimés de St-Clair prêcheront encore, comme sa parole prêchait autrefois, et la grâce du Seigneur sera toujours attachée à la voix muette du martyr, comme à la voix vivante de l'apôtre, *defunctus adhuc loquitur.*

Léonce Couture.

POÉSIES.

CANTIQUE A SAINT-CLAIR,

APOTRE DE LECTOURE.

O Clair ! de ses divines flammes
La charité brûla ton cœur;
Et tu voulus gagner des âmes
Au roi des cieux, ton doux vainqueur.
Parti des rives africaines,
Tu vins, héroïque soldat,
Chercher sur des plages lointaines
La couronne du saint combat !

Jésus mettait dans ta parole
Un charme plus puissant que l'art,
Sur ton front pur une auréole
Et des flammes dans ton regard.

Rome vit sous ses vieux portiques
Les sept pèlerins de la foi;
Et les divinités antiques
O Clair, tremblèrent devant toi !

Venez, de la Rome fidèle
Le saint pontife est votre appui;
Traversez la ville éternelle :
Venez, courbez-vous devant lui !
Il ne peut donner qu'une obole
Ce prêtre plus grand que les rois;
Mais tous les Dieux du Capitole
Se taisent au son de sa voix !

Du vieux pêcheur de Galilée
Gardant la houlette et l'anneau,
A chaque terre désolée
Il envoie un semeur nouveau.
Il sait une église lointaine
Que l'ardeur des tyrans abat :
« Mes fils, partez pour l'Aquitaine,
» Et combattez un bon combat. »

Ils vont armés de l'Evangile,
Et dans les âmes, nuit et jour,
Que le sol soit rude ou facile,
Sèment la foi, l'espoir, l'amour !

A chacun vous gardiez un trône
Dans vos palais, roi tout-puissant;
Chacun vous porta la couronne
Achetée au prix de son sang !

Reçois, Alby, ville payenne,
Le chef des nobles envoyés !
Tes démons l'attendent à peine,
Leur fureur expire à ses pieds. ...
Clair, en prêchant la loi céleste,
Délivre, prodige éclatant !....
Les corps des horreurs de la peste.....
Les âmes du joug de Satan.....

Et bientôt la cité Gauloise
Devant Clair a brisé ses Dieux.
Sans doute la terre albigeoise,
Aura son tombeau glorieux.
Mais non : du Dieu mort au Calvaire
Il veut au loin porter la croix;
Il veut étendre la lumière
Jusqu'en vos murs, ô Lectourois !....

Oui tu plantas dans notre ville
De ta foi le noble étendard;
D'un peuple fervent et docile
La croix fut l'arme et le rempart.

O Clair, ta patrie est la nôtre :
Car chez nous Dieu voulut unir,
Sur ton front, au nimbe d'apôtre
Les fleurs sanglantes du martyr !

Du vieux culte un honteux symbole
Sous ton regard tombe en débris.
Il est encore plus d'une idole
Dans la cité que tu chéris.
Oh ! de la foule qui t'entoure
Bannis les vices dégradants;
Patron béni, rends à Lectoure
Les saintes vertus des vieux temps !

Ton sang versé sur nos collines
Fit germer des fruits pour les cieux.
L'arbre frappé dans ses racines
Périra-t-il donc sous tes yeux ?
Les plaisirs, l'or, l'indifférence,
Perdent les âmes chaque jour;
Saint martyr, rends-nous l'espérance,
Rends-nous la foi, rends-nous l'amour !

REFRAIN.

Chantons, célébrons sa mémoire !
Il est saint apôtre et martyr;
Il a trois couronnes de gloire :
Trois fois nous devons l'applaudir !

X**

AUTRE.

—

Salut, ô vieux Martyrs !!! votre cité chérie
Vous rouvre ses murs triomphants !
Rentrez dans vos foyers auguste colonie!
Ancêtres immortels, bénissez vos enfants !

Reconnaissez ces champs où germaient vos
paroles,
Ces marbres tout chargés des noms de vos tyrans
Ce temple, où vos regards foudroyaient les
idoles,
Cette onde où vos bourreaux lavaient leurs bras
sanglants !

REFRAIN.

Rentrez, ô vieux Martyrs ! votre cité chérie
Vous rouvre ses murs triomphants !
Rentrez dans vos foyers, auguste colonie !
Ancêtres immortels, bénissez vos enfants !

Où sont-ils ces tyrans, dont la menace altière
Voulait courber vos fronts sous un joug cri-
                                        minel ?
Le vent avec mépris balaya leur poussière,
Et pour vos os sacrés l'amour dresse un autel!

Hélas ! cette cité, complice sacrilége,
Jadis de vos bourreaux applaudit les fureurs.
Mais en baignant ses murs votre sang la protége,
Et la moisson du Ciel crut sous ces flots vain-
                                        queurs !

Oh, rentrez ! expiant les crimes de nos pères,
Nous en effacerons la trace sous nos pleurs !
Médiateurs sacrés, qu'appelaient nos prières,
Venez ! nous vous ferons un temple de nos
                                        cœurs !

De ce séjour aimé ne quittez plus l'enceinte !
Restez pour nous bénir ! et jusqu'au dernier
                                        jour,
Faités de tout ce peuple une famille sainte,
Versez sur lui la paix, l'harmonie et l'amour!

Des souillures des sens purifiez notre âme;
Détournez nos regards de ce qui doit périr !

Et pour ces grands combats si la foi nous réclame,
Apprenez-nous à vaincre, aidez-nous à mourir!

X**

AUTRE.

—

Après un long exil, ô cendres vénérées !
Le Ciel vous rend à notre amour !
Par des champs de triomphe et des hymnes sacrées
Allons célébrer ce beau jour.

Sang des martyrs qu'ont répandu nos pères,
Coulez sur nous en ce jour solennel;
Saints protecteurs, aux pieds de l'Eternel
Daignez porter nos vœux et nos prières !

Salut ! salut, ô nobles ossements;
Depuis longtemps cette ingrate patrie,
Qui fut un jour de votre sang rougie,
Vous rappelait dans ses murs triomphants !

Sang des Martyrs qu'ont répandu nos pères,
Grâce pour nous ! s'ils furent criminels,
Nous gémissons aux pieds de vos autels ;
De leurs enfants écoutez les prières !

Ces chants sacrés, la joie et le bonheur
De cette foule humblement recueillie,
Vont proclamer que dans ce siècle impie
La sainte foi règne dans notre cœur.

Sang des Martyrs qu'ont répandu nos pères,
Au temple saint qu'habite l'Eternel,
En votre honneur nous dressons un autel
Pour l'entourer d'amour et de prières !

Ces flots d'encens, ces ravissants accords,
Ces fraîches voix, ces torrents d'harmonie
Loin d'ici-bas jettent l'âme ravie
Dans de pieux, d'ineffables transports !

Sang des Martyrs qu'ont répandu nos pères,
Coulez sur nous en ce jour solennel ;
Saints protecteurs, aux pieds de l'Eternel
Daignez porter nos vœux et nos prières !

X**

CANTATE.

Jerusalem, Jerusalem quæ occidis
Prophetas qui mittuntur ad te !

Où court cette foule empressée ?
Pourquoi ces chants de fête et ces joyeux ac-
cents,
Cette longue guirlande aux parfums odorants
Par de pieuses mains tressée?
Cette blanche bannière et ces drapeaux flot-
tants,
Pour qui balancent-ils leurs replis ondoyants
Au soufle embaumé de la brise?
Du creux des frais vallons que le Gers fertilise,
Au sommet des coteaux, dès l'aurore, un long
cri
De triomphe et de fête a partout retenti.

De ces héros fameux dont Lectoure est si fière,
Oh ! sans doute, elle va célébrer aujourd'hui
Un glorieux anniversaire,
Quelqu'un de ces combats où brilla leur valeur,
Et de Montebello, sous son manteau de pierre,
Peut-être l'on verra battre le noble cœur.

Pourtant, je n'entends pas la trompette guerrière
    Ni le cliquetis de l'acier,
Ni le hennissement du belliqueux coursier,
    Ni la voix du bronze qui tonne.
    —Non! les doux parfums de l'encens
    Et l'airain sacré qui résonne,
    Et des vierges les voiles blancs,
    Et ces longues files pressées
De vieillards recueillis et de jeunes enfants,
    Au ciel élevant nos pensées.
D'une sainte ferveur provoquent les élans.

C'était aux jours lointains où de nos vieilles
                Gaules
Les peuples prosternés adoraient en tremblant
    Sur leur piédestal chancelant
D'un paganisme impur les honteuses idoles :
Des apôtres nouveaux, des héros de la foi,
D'un Dieu crucifié prêchent la sainte loi,
Cette morale pure, inconnue aux vieux âges,
Sublime enseignement qu'admireront les sages,
Qui doit de fers honteux affranchir l'univers.
Des idoles déjà s'écroule la puissance,
Les dieux restent muets et leurs temples dé-
                serts.

Ici, Clair, cependant, dont la mâle éloquence
Emeut la ville entière accourue à sa voix,

Malgré les cris de mort d'une horde en furie,
Dans l'enclos vénéré du temple de Délie (1)
    Plante l'étendard de la Croix.
Il adresse au Seigneur une ardente prière;
La déesse aussitôt roule dans la poussière
. . . .
Et l'âme du martyr s'envole vers le Ciel,
Tandis que des bourreaux, dont la rage se lasse,
Le glaive pour frapper ne trouve plus de place
Et que son sang rougit le marbre de l'autel

Après un long exil, ô cendres vénérées.
    Le Ciel vous rend à notre amour.
Par des chants de triomphe et des hymnes sa-
                                    crées,
    Allons célébrer ce beau jour.

Sang des martyrs qu'ont répandu nos pères,
Coulez sur nous en ce jour solennel;
Saints protecteurs, aux pieds de l'Eternel
Daignez porter nos vœux et nos prières.

Salut ! salut ! ô nobles ossements;
Depuis longtemps cette ingrate patrie
Qui fut un jour de votre sang rougie
Vous appelait dans ses murs triomphants.

(1) Hountélio.

Sang des martyrs qu'ont répandu nos père
Grâce pour nous! S'ils furent criminels,
Nous gémirons aux pieds de vos autels;
De leurs enfants écoutez les prières.

Ces chants sacrés, la joie et le bonheur
De cette foule humblement recueillie
Vont proclamer que, dans ce siècle impie,
La sainte foi règne dans notre cœur.

Sang des martyrs qu'ont répandu nos père
Au temple saint qu'habite l'Eternel,
En votre honneur nous dressons un autel
Pour l'entourer d'amour et de prières

Ces flots d'encens, ces ravissants accords,
Ces fraîches voix, ces torrents d'harmoni
Loin d'ici-bas jettent l'âme ravie
Dans de pieux, d'ineffables transports.

Sang des martyrs qu'ont répandu nos pères
Coulez sur nous en ce jour solennel;
Saints protecteurs, aux pieds de l'Eternel
Daignez porter nos vœux et nos prières.

De magistrats, de peuple et de prêtres sacrés
Oh! voyez quelle foule immense
Noblement se déploie, et sur deux rangs serré

Sur le chemin poudreux s'avance
Pour rehausser l'éclat de la solennité.
Vingt illustres prélats qui portent réunis
Sur leur auguste front la triple majesté
D'un saint apostolat, des ans et du génie,
Marchent sous leurs croix d'or d'un pas lent et
                                        pieux,
Et bénissant la foule autour d'eux recueillie,
        Ferment ce cortége pompeux.

        Entrons maintenant dans le temple
        Où l'œil tout étonné contemple
        Les prodiges de l'art sacré !

        Quel goût, quelle magnificence
        Guidèrent la reconnaissance
        Pour le protecteur révéré !

        Partout l'entente, l'harmonie,
        La grâce à la richesse unie
        Forment un merveilleux accord.

        Là pour toujours, cendres sacrées,
        Palladium de nos contrées,
        Reposez dans vos châsses d'or.

                L'abbé THORE,
        Curé au Castéra-Lectourois (Gers).